w_orten
& meer

Dieser Band wurde umweltfreundlich gedruckt:
— auf 100 % Recyclingpapier, FSC-zertifiziert mit dem Blauen Engel
— mit mineralölfreien Druckfarben ohne Isopropanol
— ohne Folie kaschiertes Cover
— uneingeschweißt
Umfassende Nachhaltigkeit in Bezug auf natürliche Ressourcen und
soziales Miteinander ist Verlagskonzept: Strom und Gas für das Büro
beziehen wir über Green Planet Energy, wir reparieren, statt neu
zu kaufen, unser Bürobedarf ist ökologisch, und wir versuchen alle
Arbeitsprozesse möglichst fair zu gestalten. Wir setzen uns ein für ein
wertschätzendes und ressourcenschonendes Sein in Welt.

Elnaz Farahbakhsh
nah_weh
kurze texte und gedichte

2. Auflage, 2023
ISBN 978-3-945644-37-9

Cover: Irem Kurt, iremkurt.com
Satz und Layout: Zanko Loreck, zankoloreck.de
Druck: dieUmweltDruckerei, Lavesstraße 3, 30159 Hannover

Verlag für verbindendes diskriminierungskritisches Handeln
Süderende 86, 18565 Insel Hiddensee
kontakt@wortenundmeer.net
www.wortenundmeer.net

Elnaz Farahbakhsh

nah_weh

kurze texte und gedichte

w_orten
& meer

Widmung

Dieses Buch widme ich allen Menschen, die im Iran für eine gerechtere Welt kämpfen. Ich widme es unseren Vorfahr*innen, die bereits vor unserer Zeit an eine intersektionale Gesellschaft geglaubt haben. Ich widme es unseren Nachkommen, die unser aller Hoffnung sind.

Flucht-Familie-Glaube

Vor nun fast 30 Jahren sind wir geflüchtet.
Islamische Republik. Iran.
Meine Mutter packte uns, 8 Jahre mein Bruder, 5 Jahre ich.
Alles ging ganz schnell und doch schien alles zeitlos zu
sein.
Es war dunkel, wir versteckten uns und waren
mucksmäuschenstill.
Alles verging, geschah.
Alle weinten, alle waren entsetzt.
Freund*innen meiner Mutter wurden verschleppt und
ermordet.
Meine Mutter floh, mich und meinen Bruder in ihrem
Gepäck.
Alle fluchten auf den Islam, viele fluchen immer noch auf
den Islam.
Dieser Islam. Ich wusste nie so richtig, was das war.
Eine Person?
Ein Monster?
Das Patriarchat?

Wieder verging viel Zeit.

Und als der Moment kam, war alles wieder zeitlos.

Ich konnte lesen und las. Ich las und las.

Das heilige Buch: Quran. Hadithe, Thesen, Hypothesen, Interpretationen, Sufismus, Maulana, und und und

Ich beschloss zurückzugehen. An den Ort, von dem alle geflohen waren, wegen des Islams.

Ich hatte keine Angst mehr, sondern verspürte Liebe und Wertschätzung. Ich kam zu Ihnen, Großmutter, madarbozorg.

Sie empfingen mich und ich sah Sie beten, jeden Tag fünf Mal.

Ich hörte, wie Sie die Fatiha flüsterten.

Ich lauschte, schloss meine Augen und war vollkommen bei Ihnen.

Ich tat es Ihnen gleich, ich versuchte es, ich gab mein Bestes.

An Ihre Größe werde ich nie rankommen, madarbozorg, große Mutter. Und gleichzeitig waren wir so tief verbunden. Wir lachten viel, führten lange, wirklich lange Gespräche.

Ich ging nach draußen. Ging an vielen Moscheen entlang, hörte das Azaan, blieb stehen und genoss den Gesang, die Meditation.

Es kam das maah ramezaan, der Ramadan.
Viele fluchten, weil sie nicht mehr öffentlich essen und
rauchen durften. Ich sah viele Menschen, die auf den
Straßen teilten, Liebe und Wertschätzung und Respekt.

Zum Fastenbrechen ging ich manchmal in den Park und
schaute zu, wie die Menschen gemeinsam beteten und
gemeinsam aßen. Manchmal gesellte ich mich dazu und
wurde reich beschenkt. Mit gutem Essen, wundervollen
Gesprächen und gemeinsamem Beten.
Ich kam zurück. In das Land der Flucht, in das Land, wo
mein Glaube kriminalisiert wird, wo viele nicht verstehen
wollen, dass ich meinen Glauben praktiziere. Doch ich
werde damit nicht aufhören.

Und manchmal setze ich mich auf meinen Gebetsteppich
und umhülle mich mit dem Tschador, den Sie Großmutter
mir beim Abschied geschenkt hatten.
Und ich bete.
Und bin ganz nah bei Ihnen.
Und ich weiß, dass wir verbunden sind.
Im Gebet.
In der Meditation.

Sie, Großmutter – und ich.

Geheimnis meines Herzens

In der Dunkelheit finde ich dich,
Geheimnis meines Herzens.
Im Herzen trage ich dich,
Wesen meiner Hoffnung.
Bleib da, tief vergraben und so ersehnt.
Ruhe bei mir, denn du bist erwünscht.
Sei nicht zu Besuch, sondern fühle dich in meinem Herzen
zuhause.

In der Dunkelheit existierst du und bist plötzlich da.
Ich denke an dich, fühle dich.
In dem Herzen bist du angekommen.
In dem Herzen, das so verwundet war.
Plötzlich war es leicht wieder zu vertrauen.

Erwünscht, erwartet und willkommen bist du.
Geh nicht fort, bleibe da.
Du bist nicht zu Besuch,
das kann ich fühlen.
Du bist gekommen,
um zu bleiben.

Geh, wohin dein Herz dich trägt

was sind Mauern anderes als Orte, die überstiegen werden
müssen
was Meere anderes als Flächen, die durchschwommen
werden sollten
was Herzen anderes als Möglichkeiten, die sich öffnen
können
was bist du anderes als ein Mensch,
der die Narben meines Herzens küsst

sag, woher kommst du
sag, wann hast du mich erhört und bist eingetreten

war ich es, die dir den Schlüssel gab
war ich es, die das Misstrauen abgab
war ich es, die sich hingab

tritt ein und geh nicht mehr fort
bleib, denn du bist erwartet
sei, denn so wie du bist, bist du erwünscht

Queering love

so fern und doch so nah
so liebevoll und doch so ängstlich
so gefühlvoll und doch so kalt
so minimal und doch so intensiv
ich fühle dich
bin bei dir
du bist bei mir
deine Distanz fühlt sich so nah an
ich fühle dich
es gibt Raum und Zeit
ohne dich zu berühren, fühle ich deine Hände
ohne Worte sprichst du mit mir
ohne Blicke schauen wir uns an
ich fühle unsere Intensität, unsere Wärme und Nähe
du hast Angst vor der Entscheidung deines Körpers
dein Bauch schmerzt und du sagst es mir
ich schicke dir Heilungsenergie aus meinem Herzen
sie wärmt dich und begleitet dich

ich schicke deinem Körper Liebe
und dein Herz hört mich
und mein Herz hört dich
und das Herz ist still

Schule – deutsches Gymnasium

»Ich bin doch keine Rassistin«, sagt meine Deutschlehrerin und dreht sich zu den *weißen* Kindern. Gymnasium, 11. Klasse. Ich bin alt genug, um meinen Mund aufzumachen und für meine Rechte einzustehen. »Sie verstehen nicht, ich liebe dieses Fach. Ich liebe Sprache, Bücher, Poesie, Lyrik; ich schreibe selber, seit meiner Kindheit.« Sie guckt mich an und versteht nicht, was ich von ihr will. Ich will faire Noten, einen respektvollen Umgang mit meinen Texten, Wertschätzung, wenn ich am Unterricht teilnehme. Aber ich kriege es nicht. Ich sehe anders aus als die *weißen* Kinder, und meine schulterlangen Haare sind schwarz und gewellt. Meine Augen sind braun. Ich spreche mehrere Sprachen und habe keinen deutschen Geburtsort. An jenem besagten Tag im Deutschunterricht hatte ich seit 2 Jahren den deutschen Pass. Eingebürgert! Ich bin wütend.

Meine Deutschlehrerin kehrt mir andauernd den Rücken zu und redet nur mit den *weißen* Schül*erinnen. Ich sage meine Meinung, sie sieht sich gezwungen mir zuzuhören, denn die anderen Schül*erinnen schauen ja zu. Ich traue mich auszusprechen: »Das grenzt an Rassismus, so wie Sie mich hier gerade behandeln.« Eine *weiße* deutsche Lehrerin hört das Wort Rassismus, und erschrickt. Ich verstehe nicht, was vor sich geht, denn irgendwie kriegt sie das Wort in den falschen Hals und hustet. Genau das wollte ich nicht, sie schaut mich böse an und verschluckt sich. Ich drohe zum Direktor zu gehen. Auch wenn ich weiß, dass ich diesbezüglich nur verlieren kann, weil sie miteinander befreund*int sind. Ich denke »fuck«, schon wieder verloren.

Meine Deutschnoten verschlechtern sich bis zum Abitur. Sie mag mich nicht, kann mich nicht hören und ich finde keine passenden Worte mehr. Ich finde in meinen Prüfungen angestrichene Fehler, wo keine sind, und diskutiere mit ihr, aber ich habe keine Chance. Sie hat immer Recht, weil sie in der Hierarchie in der höheren Position ist.
Sie ist *weiß*. Sie hat die Macht. Über mich, über meine Noten.
Aber ich werde erwachsen, und werde nicht aufhören zu schreiben.

Denn ich habe gelernt, mir selbst Wertschätzung zu geben, statt meine Texte von *weißen*, kolonialistischen, heteronormativen Menschen beurteilen zu lassen und mich davon abhängig zu machen.

Denn ich habe eine Stimme. Ich habe Worte und äußere sie.

Rassismus und Hass

Meine Erfahrungen sind rassistisch
Plötzlich kommt eine*r und bringt blöde Sprüche mit sich

Ich drehe mich um und brülle los
Fühle die Wut. Meine Fäuste fallen in meinen Schoß

Die andere Person macht einen Satz auf mich zu
Mir schießt durch den Kopf. Fuck, was nu?

Deine Worte spucken mir ins Gesicht
wie eine innere Pflicht

Denke ich an mein Versprechen,
das ich mir vor langer Zeit gab
als meine Offenheit beinahe innerlich starb

Ich gab mir das Wort
nie und an keinem einzigen Ort

mich von dem Hass
jemals ablenken lass

Es soll keinen einzigen Ort geben
wo Menschen mit dem Hass anderer müssen leben

Behalte den Scheiß einfach für dich
Denn dein Hass interessiert mich nicht

Ich habe eine Community und wir halten zusammen
Meine Kraft spüre ich durch Feuer und Flammen

Mit Solidarität gehe ich voran
solange ich leben kann

Denn das Gefühl für Gerechtigkeit wird mir nie eine*r
nehmen
und der Hass wird irgendwann zu Ende gehen

Der *weiße* cis Mann Prof

Und da sind sie wieder. Die immer gleichen Fragen des
alten *weißen* Mannes.
Alter, deine Ära ist vorbei. Vorbei. So richtig vorbei.
Ich, Studentin, sitze in der Vorlesung. Von dir *weißem*
altem Mann.
Nach der Vorlesung gehe ich nach vorne, will eine
Auskunft zur Prüfungsleistung.
Kaum habe ich eine Antwort erhalten, drehe ich mich um,
doch da kommt sie:

die Breitmachung des cis-männlichen Egos.

»Ihr Name!! Sie da!! Wo kommen sie her?«
Gedanken gehen mir kreuz und quer durch den Kopf.
Fuck, dieser Kerl wird mich noch benoten. Fuck, ich
schreibe bei dem noch eine Hausarbeit.
Okay, ich drehe mich zu ihm. Mir kommt nur ein Wort
aus dem Mund: »Iran«. Ich will noch »Alter« dransetzen
oder so was wie »Was geht dich das an!« Aber verdammt

nochmal, ich antworte: »Iran.« Ich kämpfe in meinem
Kopf. Verdammt nochmal, Elnaz, gib's ihm doch! Gib's ihm
ordentlich zurück. Du hast es doch drauf.
Ich atme ein und aus. Das habe ich von diesem *w*eißen
psychotherapeutischen Fachpersonal doch gelernt.
Einatmen und ausatmen. Ein und aus. Ich stelle mir
meinen sicheren Ort vor. Das Gewächshaus, das Meer, die
Wellen, ja, ich kriege es wieder hin. Ich komme zur Ruhe.
Der Typ hat noch irgendwas gefragt und ich habe
irgendwie abgeschaltet. Der hat so viel gelabert. Ich wollte
ihm eigentlich erklären, dass ich gerade nackt im Meer
schwimmen bin, aber schon wieder höre ich ihm zu und
er sagt: »Achso, Persien! Sie kommen aus Persien.« Er
betont das P ganz stark, so als wäre er ein Krieger und
würde gleich mit mir in einer Schlacht kämpfen wollen.
Ich schaue ihn zum ersten Mal richtig an und sage: »Wie?
Nein, das heißt schon Iran.«
»Hä? Wie?« Ah, der *w*eiße Mann checkt es wieder nicht.
»Also früher hieß es Persien und seit sehr langer Zeit heißt
es Iran.«
Ich erkläre ihm, das ist, wie, wenn ich zu ihm sagen
würde, er sei Germane und nicht Deutscher. Er schaut
mich an und ich sehe, wie seine Rüstung zerbröselt.

Kratz kratz

»Ihre Muttersprache ist wohl nicht deutsch!«, höre ich den
Professor sagen.
»Beim Schreiben machen sie sehr viele grammatikalische
Fehler.«

Ich höre mir die Worte des Professors an und schlucke. Ich
zweifle an meiner deutschen Sprache und bin verwirrt.
Etwas kratzt an meinem Selbstbewusstsein, kratz kratz.
Ich gehe in mich und antworte ihm, dass das, was er
gerade sagt, rassistisch ist.
Er entschuldigt sich. Nicht von Herzen, sondern weil
er muss. Einem weißen cis-männlich sozialisierten
Prof bleibt nichts übrig, als sich bei einem begründeten
Vorwurf bezüglich Rassismus zu entschuldigen, wenn
er schwerwiegendere und öffentlichere Konsequenzen
vermeiden will.
Okay, die Entschuldigung habe ich diesmal bekommen,
aber die Erniedrigung hört nicht auf. »Aber aber, ich wollte
ihnen nochmal sagen, dass so, wie Sie schreiben, es nicht

dem Hochschulniveau entspricht. ICH kann ihnen dazu
aber Tipps geben.«

Kratz, Kratz.

Danke, Herr Professor, ich habe es geschnallt.
Mein Schreibstil ist nicht das Problem. Meine
grammatikalischen Fehler sind es auch nicht. Was das
Problem ist, ist dieses riesengroße *weiße*, cis-männliche
Ego, das angekratzt wurde.

Es sind meine genialen Texte, die dich einschüchtern.
Denn sie kratzen an deiner Selbstverständlichkeit, an
deinen sprachlichen Normen, die auf einmal gar nicht mehr
so normal sind.

Ich liebe euch, meine grammatikalischen ›Fehler‹. Jeder
einzelne von euch ist es wert, ihn geschrieben zu haben.
Jeder einzelne von euch ist es wert, gelesen zu werden.
Ich habe euch herangezüchtet, jeden einzelnen ›Fehler‹.
Lasst euch nicht einreden, dass ihr fehl am Platz seid. Lasst
euch nicht sagen, dass ihr überflüssig seid. Ihr seid schön,

ihr seid toll, ihr dürft existieren. Ihr stellt die fehlerfreie Norm in Frage, ihr macht die Norm zum Fehler und seid so wertvoll. Ich zweifle nicht länger an meiner Sprache. Ich zweifle an den Normen.

Unverstanden

Stehen, verstehen, gestehen, entstehen, missverstehen.
Alles drin, in einem Wort.
Ablehnung, Verleumdung, Kritik, Rechtfertigungen.
Es wird geschossen mit Worten. Das Gegenüber geht zum
Angriff über. Es tut weh, ich werde verletzt, alte Narben
und heilende Wunden werden aufgerissen.
Ich liege am Boden, weinend, nach Hilfe schreiend.

Heute gehe ich nicht mehr auf das Feld der ungeschützten
Gespräche, führe keine Diskussionen mehr. Zu oft wurde
ich verletzt, zu oft missverstanden, zu oft ausgegrenzt und
alleingelassen.
Die Angst hält mich zurück. Die Angst leitet mich, begleitet
mich wie ein*e treue*r Freund*in.

Treu, aber nicht Freund*in.

Lass ab. Lass von mir ab. Aus irgendeinem Grund wird es gut gewesen sein, dass du da warst.

Geschützt hast du mich in einer Zeit, in der ich deinen Schutz gebraucht habe. Aber nun gehe ich weiter und es ist okay, wenn du nicht mehr so treu bist. Geh fremd, trenne dich von mir, ich bin bereit aufzustehen und für mich einzustehen.

Lass mich abheben, fliegen, ich spüre die Flügel, ich möchte sie benutzen. Viel zu lange waren sie zugeschnürt und verklebt.

Ich fühle, wie die Schnüre abfallen, sie liegen zu meinen Füßen.

Ich stehe zu mir. Ich verstehe mich.

Der Klebstoff der Gewalt und Zurichtung ist viel zu alt, alles löst sich von mir ab.
Ich hebe ab, fühle den Boden nicht mehr unter den Füßen.
Ich fliege.

Einfach Liebe könnte es sein

Alles ist Liebe, der Sommer, jeder Sonnenstrahl
und die Dunkelheit
Alles will Aufmerksamkeit und schreit nach Liebe
Du machst die Augen auf, atmest ein und aus
Du riechst den Frühling und den Herbst zugleich

Alles ist Sehnsucht, jedes Türknallen, jede Träne
und das Lachen
Es will gesehen werden und sehnt sich nach Liebe
Die Umarmungen und das Festhalten der Körper
beim Abschied
Du hast Angst und hoffst auf Besserung

Alles ist Liebe, der Winter, jede einzelne Schneeflocke,
die das Universum erschuf
Durch alles fließt Einzigartigkeit,
und gleichsam Perfektion

Alles ist Liebe, die Erde hält uns alle
Hält jeden Baum, jeden Grashalm,
jede Rose mit ihren Dornen
Kein einziges Herz auf der ganzen Welt schlägt gleich
Alle Fingerkuppen sind unterschiedlich

Alles könnte Liebe sein, denn die Liebe ist unendlich
und bedingungslos
Die Seele will Liebe und keine Trennung
Sie sucht nach Vergebung
nach Heilung

Alles könnte Liebe sein
Ich, du und wir zusammen

Einfach träumen

Und manchmal musst du nur träumen
deine Ideen teilen und sie aussprechen
sie Wirklichkeit werden lassen
indem du Worte für sie findest

Und manchmal musst du nur träumen
dimensionslos, utopisch und unglaublich kreativ
ihnen Raum geben
zeitlos fühlen und spüren

Und manchmal musst du nur träumen
und zulassen, dass das Leben auf dich wirkt
alles war schon immer da
ganz tief in deinem Herzen, in deiner Seele

Träume und lass es zu
Lass die Bilder für sich sprechen
Lass die Worte aus dir strömen
Und schau zu, wie alles wahr wird

Großmutter

Immer waren Sie da.
Haben mir Geschichten erzählt.
Meine Hand gehalten,
wenn ich nicht schlafen konnte.

Sie sahen unsere ersten Schritte,
die Schritte Ihrer Kinder,
Ihrer Enkelkinder.
Sie pflegten Ihre Angehörigen,
begleiteten sie bis zu ihren letzten Atemzügen.
Den Tod Ihres Sohnes haben Sie nicht verkraftet.
Die Tränen einer Mutter,
die ihr eigenes Kind zu Grabe trägt,
wiegen unendlich.

Nun sind Sie fort.
Sie wurden zu Grabe getragen.
Ihr Sarg wurde in die Erde gesenkt.
Wegen der Krise konnten wir Sie nicht begleiten.
Und Ihr Grab wurde in die Erde gegraben,

ganz ohne unser Beisein und ohne meine Tränen.
Viele haben Sie auf der Erde zurückgelassen.
Ihre Töchter, Ihre Enkel, alle, die Sie lieben.

madare bozorg, große Mutter.
Fort sind Sie und Ihre Seele soll ewig ruhen.
Sie bleiben immer ein Teil von uns
und Ihre Liebe werden wir weiter in die Welt tragen.
Unser Verlust ist des Paradieses Reichtum.

Hafez sagt: Und es vergeht kein Tag,
an dem die Erde zur Sonne sagt: Du schuldest mir etwas.
Schau, was mit dieser Liebe passiert,
sie wärmt die Erde seit einer Ewigkeit.

Ich sage: Und es verging kein Tag,
an dem unsere Großmutter zu uns sagte:
Ihr schuldet mir etwas.
Schau, was mit dieser Liebe passiert.
Sie wärmt und scheint weiterhin in uns allen.

Auch wenn Sie nicht immer bei mir waren,
ich habe so vieles von Ihnen gelernt und Sie
immer in meinem Herzen getragen.

Gleich, wie groß die Entfernung war,
Ihre Liebe war bedingungslos.

Nun sind Sie fort und wir lernen, weiter zu lieben,
bedingungslos.
So wie Sie es uns allen geschenkt haben.

Halva

Großmutters Hände halten mich
drücken den Teig für den Halva

rühren das ghorme sabzi
gießen Tee ein

halten den Qu'ran über meinen Kopf
verbreiten Ou'd im ganzen Raum

Sie segnet mich und betet für mich
Ihre Sorgen geben mir Kraft und Zuversicht

Ihre Stimme beruhigt mich
Allah hat Sie nun zu sich genommen
und zurückbleiben meine Erinnerung an sie

Ich habe sie nie geduzt
Habe mir nicht angemaßt, sie auf gleicher Ebene zu sehen

Und selbst jetzt, wo sie nicht mehr auf Erden ist,
maße ich mir nicht an, ihre Größe anzuzweifeln

Sie wird immer shomā bleiben
und die Distanz ist nun unendlich nah

X (TRIGGERWARNUNG)

Ich muss immer wieder daran denken
An diese eine Tat
An dieses eine Grauen
An diese eine Gewalt

Er hat sie misshandelt
sie gedemütigt und ihr mit Absicht Gewalt angetan
Er nahm sich, was er wollte
und behandelte sie wie Dreck

Du siehst ihren Glanz nicht
Du siehst ihren Wert nicht
Du siehst nicht, wie kostbar sie ist
Du siehst ihr Wesen nicht

Du hast kein Bewusstsein
wie kostbar deine Frau ist
Du hast kein Bewusstsein
wie Menschen behandelt werden müssen

Jetzt ist es vorbei
Du brachtest sie um
Du hast sie ermordet

Du hast das Leben von so vielen Menschen erschüttert
Alle trauern um sie
Alle fühlen ihren Schmerz
Allah mag ihrer Seele gnädig sein

Und der einzige, um den kein Mensch trauert
bist du
Du bist Täter
Schänder
und Mörder

Diese Tat war kein Einzelfall
So viele Frauen, cis und trans*
erleben Gewalt in schrecklichen Dimensionen
und wir trauern und beten

Lasst uns zusammenhalten
Lasst uns wachsen
und nicht aufhören aufzuschreien
gegen jegliche Form von Gewalt

Lasst uns gemeinsam schreien
und nicht aufhören zu kämpfen
Heute ist ein Tag an dem wir
allen gedenken

Diese schreckliche Tat
war kein Einzelfall
Diese Gewalt wütet seit einer Ewigkeit auf dieser Welt
und nennt sich:
Sexismus,
Patriarchat,
Trans*feindlichkeit.
Wir sind Schwestern,
cis und trans*.
Und bleiben solidarisch miteinander,
im Kämpfen und im Trauern.

Dekoloniale Power

Und es sind diese Menschen,
die mit ihrer Präsenz uns erlauben zu scheinen.
Und es sind diese Menschen, die mit ihrer Energie,
uns Mut und Kraft spenden.
Und sie machen es! Mir die Gewissheit zu geben,
dass es wertvoll ist,
weiter an Liebe und Hoffnung zu glauben.
Und es sind wir, die als Community lachen und trauern.
Sarah Hegazi, Madine Ahāz, Menschen,
die die Erde nicht mehr trägt und deren Verlust
einen Mangel für den ganzen Planeten bedeutet.
Denn es sind diese Menschen,
die dekolonial und antifaschistisch lebten.
Und das ganz ohne Labels.

Daher lasst uns in Communitys wachsen.
Lasst uns einander achten.
Schenken wir uns gegenseitig Heilung und Liebe.
Es ist Zeit für Veränderungen, innerlich und äußerlich.
Lasst uns Orte wie Communitys und Safe Spaces schätzen.

Lasst uns gemeinsam tanzen und feiern,
fröhlich sein und uns miteinander verbinden.
Lasst uns gemeinsam aufstehen und einstehen gegen
jegliche Form von Diskriminierung.
Angst und Hass weichen von uns.
Wir genießen Liebe und Respekt
und wir wachsen und blühen
auf der Erde unserer Ahn*innen und Vorfahr *innen.
Wir alle haben eine Berechtigung hier zu sein
und zu existieren.
Daher nehmen wir uns das Recht.
Und fordern es ein.
Und wir zeigen Solidarität und
legen unsere Hände auf die Schultern der Trauernden.
Und wir ebnen den Weg für unsere Nachkommen,
denn das Gefühl für Gerechtigkeit
wird uns niemensch nehmen können.
Und wir werden wachsen und blühen
auf dieser Erde,
die uns alle trägt.

Mantoye maman – Der Mantel meiner Mutter

Mantoye maman ghermeze
Mantoye maman kutast
Mantoye maman golgoliye
Mantoye maman tange

مانتوی مامان قرمزه
مانتوی مامان کوتا ست
مانتوی مامان گل گلی
مانتوی مامان تنگ ه

Der Mantel meiner Mutter ist rot.
Der Mantel meiner Mutter ist kurz.
Der Mantel meiner Mutter ist geblümt.
Der Mantel meiner Mutter ist eng.

Da geht sie.
stolz und erhobenen Hauptes.
Lässt sich nichts sagen,
trotzt allen Aussagen und Beschimpfungen
und schreitet auf ihrem Weg entlang

Nichts kann sie beirren.
Nichts bringt sie aus der Fassung.
Sie schreitet und schreitet
und ist furchtlos.

Es ist sie, die mich beeindruckt.
Es ist sie, die mir zeigt, dass es sich lohnt zu kämpfen.
Durch sie habe ich gelernt, was Gerechtigkeit bedeutet.
Und seither gehe auch ich voran,
stolz und erhobenen Hauptes.
So wie sie es mir vorgelebt hat.

Jahreszeiten

Manchmal ist es okay
Verbindungen zu lösen
sich von Dingen zu trennen
und Menschen einfach gehen zu lassen

Wie ein Baum, dessen Blätter abfallen
vom Wind verweht werden
auf der Erde landen
und irgendwann zu Erde werden

Manchmal ist es okay
sich nicht mehr zu melden
Grenzen zu ziehen
und Nein zu sagen

Wie ein Zugvogel
der für den Winter in den Süden fliegt
und ohne sich zu verabschieden
Tausende Kilometer hinter sich lässt

Manchmal ist es okay
sich von alten Freund *innenschaften zu lösen
sie ziehen zu lassen
in der Hoffnung, sich irgendwann
neu und anders vielleicht
wiederzusehen

Wie die Wellen der Ozeane
mit dem Wind entstehen
dann verschwinden
und eins werden mit dem Meer
und sich irgendwann wieder neue Wellen bilden

Manchmal ist es okay
die Erinnerungen schön zu verpacken
und sie in eine Schublade zu stecken
und nicht mehr hinter das schöne Einpackpapier zu
schauen

Wie eine Tulpe
die nur zu einer bestimmten Jahreszeit blüht
aus einer Zwiebel wächst
und nach ein paar Tagen
wieder verwelkt

Manchmal ist es okay
auf bessere Zeiten zu warten
und die Sehnsucht nach etwas
wie Magie hinzunehmen

Wie der Frühling
nach einer langen Winterzeit kommt
sich dann endlich zeigt
nachdem er so lange herbeigesehnt war

Es ist okay, sich von Menschen zu lösen,
von denen mensch eigentlich gedacht hatte,
dass sie ewig bleiben würden
Es ist okay zu gehen
und Schmerz zu spüren
als immer zu leiden

Erst, wenn der Schmerz abnimmt
merkst du, dass du gelitten hast
Erst, wenn du in die Natur gegangen bist
merkst du, dass es dir guttut
Erst, wenn du vom Meer weißt
kannst du dich danach sehnen zu schwimmen

Erst, wenn die Blüten aufgehen
spürst du, dass der Frühling gekommen ist
Die Zeit bringt nicht nur Antworten
Menschen, Erfahrungen und Jahreszeiten
Mit der Zeit vergeht und entsteht alles
Alles verändert sich langsam und stetig

Mit der Zeit veränderst du dich
und gehst weiter
Wie alles
Lebendige
jede Tulpe
jede Jahreszeit
und die Erde auch

Nach Hanau

Sechs Monate sind vergangen und ich sitze in meiner
Wohnung und schreibe.
Das Fenster ist geöffnet, es ist ein Sonntagmorgen.
Ein warmer Sommertag, ich lausche den Geräuschen der
Straße. Der Wind weht und die grünen Blätter des großen
Baumes vor meinem Fenster tanzen. Sie schimmern und es
ist als würden sie zu mir sprechen.
Der Baum ist weise und trauert auf seine eigene Art.
Er sagt zu mir: »Sei nicht traurig mein*e Liebe*r, ich habe
alle in meine Obhut genommen. Alle Körper und Seelen
sind nun bei mir. Ich passe gut auf alle auf.«
Ihr wurdet ermordet im Namen einer Ideologie, die seit
so vielen Jahrhunderten Menschen tötet und ihnen Hass
entgegenwirft.
Der Baum sagt zu mir:
»Ich bin schon immer da. Ich habe es beobachten müssen,
wie gewaltvolle Ideologien so viele Menschen tötet und
getötet hat.‹
Gestern wollte ich Rache. Ich wollte meiner Wut freien
Lauf lassen und irgendetwas zerstören. Diese Tat macht

mich so wütend und ich bin so traurig und habe eine
Angst, die ich nur schwer beschreiben kann.
Es ist ein Trauerspiel, ich lief gestern durch die Straßen
Berlins und überall saßen Menschen, die die Demo in
Hanau gestreamt haben.
Viele saßen gemeinsam und hörten den Angehörigen zu.
Das Lauschen der Menschen verwirrte und berührte mich
zugleich.
Ich frage mich, wo war die Polizei, wo die Politik*erinnen?
Ich frage mich, warum gibt es keine angemessene
Aufklärung?
Ich frage mich, warum wird Rassismus geleugnet und nicht
ernstgenommen?
Und warum Faschismus so laut ist und alle von einer
Einzeltat sprechen?
Ich frage mich, wo die soziale Gerechtigkeit geblieben ist
und das weltweit?
Frage mich, warum Rassismus geleugnet und die Tat nicht
als rassistische Gewalt eingestuft wird, sondern nur als
rechtsextrem?

Hanau
19.02.2020
11 Schüsse
9 Tote

Gedachte Gedanken

Manchmal sitze ich einfach da

                              und denke

Die anderen reden
unterhalten sich
stellen mir Fragen

                              aber ich denke

Dann lächele ich und nicke
und die anderen denken
ich hätte sie verstanden
ich habe alles gehört

                    doch bin ich bei meinen Gedanken

Mein Kopf erzählt Geschichten
von jetzt und damals
von früher

von der Kindheit
von den Geschichten meiner Oma
Geschichten einer Liebe
fiktive Geschichten oder Geschichten anderer

Und ich denke und denke

schweife ab, füge hinzu
fühle mich getriggert
und es erscheinen diese Bilder
die ich vergraben hatte
und plötzlich kommen neue Bilder hinzu
Es entstehen neue Geschichten
mit einem Happy End
oder einem tragischen Ende
Ich vertiefe mich immer tiefer in meine Gedanken
und mein Kopf brummt und explodiert beinahe
Plötzlich erwache ich
weil meine Gegenüber mich wachrütteln
und ich merke, dass ich auf der Erde bin
und es nur Gedanken waren

die gedacht werden wollten

Einfach ist es nicht –
Aber es ist einfach so

Einige von uns sind einfach traumatisiert.
Belastet und voller Gepäck.
Das Leben hat uns geprägt.
Es hat Wurzeln von mir gekappt,
die so nie wieder nachwachsen werden.

Einige von uns sind einfach traumatisiert.
Der Rucksack ist einfach immer auf.
Und höher als Gang drei können wir nicht schalten,
selbst wenn wir 160 km/h fahren,
oder die ganze Zeit mit Notbremse.

Einige von uns sind einfach traumatisiert.
Jede Pause ist ein Muss
und jeder Abschied tut doppelt so weh
oder gar nicht.
Du fühlst einfach nichts.

Einige von uns sind einfach traumatisiert.
Und wir lernen mit den Jahren,
unsere Grenzen zu fühlen
und sie nicht mehr komplett zu übergehen
oder am besten für sie einzustehen.

Einige von uns sind einfach traumatisiert.
Ganz früh wurden wir in etwas hineingeboren.
Wir sahen die Gräueltaten der Welt
einfach schon ganz ganz früh.
Und das Leben hat uns nicht verschont.

Wir alle haben unsere Geschichten.
Komplex und chaotisch.
Geordnet, unsortiert oder einfach grausam.
Wir lernen aufzustehen, wenn wir hinfallen.
Lernen zu atmen, ganz tief und achtsam.
Wir stehen es durch,
Flashbacks, Panikattacken, Albträume, Vergessen.

Es wird immer ein Teil von uns bleiben.
Die starken Emotionen können wir verarbeiten,
auch wenn es erst mal nicht den Eindruck erweckt,
dass eine Verarbeitung möglich ist.

Daher fühlt es sich immer wieder neu an,
die Emotionen, die Bilder, die Reaktionen.
Die Geschichten bleiben irgendwie Teil von uns.
Doch mit jeder Verarbeitung kommt die Chance,
dass es besser werden kann.
Und wir lernen damit umzugehen.

Wir beginnen vorsichtig und zaghaft uns selbst zu heilen.
Beginnen heimlich uns selbst Liebe zu geben,
immer wieder, immer mehr.
Und so beginnen wir jeden Tag neu, mit unserem Leben,
mit all seinen Facetten durch
plötzlich und erwartet
hervorspringenden Erinnerungen,
den versteckten Erinnerungen,
im Jetzt und Hier anzukommen.
Beginnen wir vorsichtig und zaghaft,
uns selbst zu heilen.

Keine*r sagt dir, wie das Leben sein wird oder wie du schwere Zeiten durchleben kannst.

Es sind einzig und allein die Erfahrungen, die mir zeigen, was es bedeutet zu kämpfen oder was Leben wirklich bedeutet. Und es sind die Entscheidungen, die ich tagtäglich für mich treffe, die mich zu dem Menschen machen, der ich gerade bin. Ich ganz alleine, die*der jeden Tag aufwacht und entscheidet, ob ich Liebe oder Hass wähle. Es bin ganz alleine ich, die*der jeden Tag Heilung oder Schaden wählt. Und ja, es ist manchmal echt hart. Und ja, ich verzweifle auch, habe Panik oder bin kurz davor durchzudrehen.
Aber in den schwierigsten Momenten höre ich eine innere Stimme, die mir sagt: „Nein Elnaz, wir schaffen das. Du machst weiter, du bist stark und du kannst das."
Ich will durch meine Worte teilen, was alles in uns steckt. Jegliches Wahrhaftig-Sein, mutig, kraftvoll und stark. Wir alle sind traumatisiert, wir trauern alle, fühlen Verlust und Abschied. Alle Narben erzählen ihre eigenen Geschichten. Alle Wunden warten darauf, gesalbt und verbunden zu werden.
Es ist der Atem, der Leben in mich bringt und beim Ausatmen lasse ich los und vertraue darauf, dass ich weiter atmen werde, auch am nächsten Morgen.

Leben in Ambivalenzen

Nie werde ich die Poesie so greifen können,
wie meine Mutter mir in Farsi vorgelesen hat.
Nie werde ich Shams, Khayyam, Hafez
so lesen, wie meine Ancestors sie gelesen haben.
Ich schreibe in einer Sprache,
die meine Ancestors, meine Mutter nicht so greifen
können,
wie ich sie greifen werde.
Die Worte haben sich verändert.

Die Zeit ist eine andere.
Und die Poesie,
die Poesie ist die Welt
der völligen Verzweiflung.
Sie ist die Welt der Suchenden,
die Welt der Einsamen,
der Trauernden.
Lass dich treiben und weine.
Lass dich tragen und flieg.
Die Erde gibt dir Werkzeug.

Stift und Papier.
Wir wissen nur so viel,
wie Menschen bisher gedacht haben.
Wir begreifen nur so viel,
wie wir sehen, schmecken und tasten können.
Also lass dich vom Universum tragen,
denn es gibt dir Gedanken.

Was ist das Universum schon,
als die Länge eines Baumes
von der Erde zum Himmel?
Der Baum streckt seine Äste aus
mit Knospen im Frühling,
grünen Blättern und Früchten im Sommer,
rot und braun färben sich die Blätter im Herbst,
wenn die Jahreszeiten sich weiter ändern.

Für all die Suchenden:
Sucht!
Sucht in der Liebe,
sucht in der Welt,
sucht im Glauben, in der Spiritualität.
Der Sinn des Lebens
ist nicht das Finden.

Es ist das Suchen.
Also sucht in den Meeren,
in den Wäldern,
in den Wüsten,
auf den Kontinenten.
Und sucht in euch,
denn vieles, was ihr im Außen zu finden scheint,
werdet ihr in euch finden.

Inner peace

find me
go and find me

they say:
if you lost everything
but found yourself
you won

come and find me
without judgement
without your *w*hite view
with a loving gaze

I found myself
while loosing myself
I found my heart
while discovering
all wounds which it surrounded

in the depth of my soul
I walked
and found peace

find me
while I already found myself

Patriarchales Daten

Ich möchte über Sex sprechen. Im letzten Jahr habe
ich eine Beziehung beendet, viel gedatet, kleine kurze
Beziehungen geführt und viel mit Freund*innen geteilt
oder auch mit meiner Familie gesprochen.
Die Beziehung, die ich beendet hatte, dauerte ein Jahr. Er
war cis-männlich und einmal sagte er über meine Vulva,
dass sie komisch rieche. Ich erinnere mich daran, weil
ich kurz nach meiner Menstruation war und noch etwas
geblutet habe. Es gab auch eine Situation, als er lange
darauf wartete, dass ich meinen Orgasmus habe und als er
feststellte, dass ich länger brauche als er, fragte er mich, ob
er auf mich drauf kann, um einfach zu kommen.
Darauf brüllte ich ihn an, zog mich an und ging einfach.
Ich finde, das geht gar nicht.
Die kurzen Beziehungen und One-Night-Stands waren wie
folgt:
Der eine wollte mich heiraten, ohne mich gesehen zu
haben. Der andere wollte Sex, ohne mich gesehen zu
haben. Der eine wollte mich aus 1.000 km Entfernung
kontrollieren und mir vorschreiben, wann ich zu Hause

sein sollte. Der eine erzählte mir die Sterne vom Himmel und schmierte mir Honig um meinen Mund. Als wir dann einmal Sex hatten und er sah, dass ich nicht rasiert bin, meldete er sich einfach nicht mehr bei mir und hielt mich auf Abstand.

Die andere war in einer Polybeziehung und wollte mich behandeln, wie sie lustig war. Ich sollte dies und jenes für sie tun. Sie nahm mich mit zu einem Event und ließ mich nach einer halben Stunde sitzen, weil ein friend etwas Interessanteres geschrieben hatte.

Der andere war poly unterwegs und als er merkte, dass ich commitments brauche, weil ich ein Minimum an Verantwortung einfordere, rannte er weg. Jetzt kommt er ab und zu zurück und ich weiß einfach nicht, was er will.

Sorry, dass ich das sage, aber seit wann sind Polybeziehungen dazu mutiert, dass Menschen scheiße miteinander umgehen und ihre komischen Arten von unreflektierter Nähe und Distanz verarbeiten? Das geht mir mega auf die Nerven!

In dieser Zeit sprach ich mit vielen friends. Danke Leute, dass ihr immer ein Ohr für mich habt. Ihr seid megatoll. Als ich mit meiner Familie gesprochen habe, sagten einige: »Elnaz! Vielleicht musst du mal eine Therapie machen, um zu reflektieren, welches Muster dahintersteckt.

Du datest so viele Menschen und machst immer die gleichen Erfahrungen. Vermutlich hängt das mit deiner traumatischen Erfahrung mit deinem Vater zusammen.«
By the way, ich habe ungefähr zehn Jahre Therapie gemacht und ich glaube sehr wohl zu wissen, was hinter was steckt. Und ganz ehrlich – ich weiß auch, was hinter den Aussagen von jeder*m Familienangehörigen steckt, weil über alle habe ich viel in der Therapie geredet.
Ich denke ja, mein Vater ist ein »riesiges A***«.
Einige sagten: »Omg!!! Elnaz wir würden so gerne auf deiner Hochzeit tanzen. Wir würden uns so freuen, dich glücklich zu sehen«. Und jedes Mal dachte ich bei diesen Aussagen: »Hä, warum soll eine Hochzeit glücklich machen? Hochzeiten sind doch auch eine Erfindung des Patriarchats, welches den »weiblichen« Part nur zur Bindung und Unterwerfung zwingen soll. Das ist doch der Inbegriff des Patriarchats.«
Und glücklich bin ich doch bereits.
Mit mir selbst.

Danksagung

Ein großer Dank geht an meine queer-family. Mira und Luka, ohne euch hätte ich längst aufgegeben. Besonders danke ich Shivā, meiner großen Liebe. Du zeigst mir, wie ich mutig sein und an mich glauben kann.

© Yergalem Taffere

Elnaz Farahbakhsh ist queere Künstler*in, Dichter*in und Aktivist*in. Elnaz hat den Master »Biografisches und Kreatives Schreiben« an der Alice Salomon Hochschule Berlin studiert, gibt deutschlandweit Workshops in Kreativem Schreiben und macht Bildungsarbeit zu intersektionalen Themen.
Instagram: @elnaz.farahbakhsh_

Irem Kurt ist Illustratorin, gibt Kunstworkshops und hat das ousa-Kollektiv mitgegründet. Irem lebt in Berlin.
www.iremkurt.com

w_orten & meer – Verlag für verbindendes diskriminierungskritisches Handeln

w_orten & meer ist ein Non-Profit-Verlag. Bücher und Publikationen sind für uns eine wertschätzende Gestaltung von Welt. Wir verlegen Bücher, die zu intersektionaler Gewalt empowernde Perspektiven eröffnen und neue Ausdrucksweisen anbieten.

Der Verlag arbeitet sozial und ökologisch nachhaltig: bei der Herstellung und dem Transport der Bücher, beim Einrichten und Unterhalten des Büros und auf der Ebene der Bezahlung von Menschen, die an den verschiedenen Produktionsschritten für ein Buch beteiligt sind.

Weitere Informationen zu unserer Arbeitsweise sowie unser Gesamtprogramm finden sich auf unserer Webseite:

www.wortenundmeer.net

Hatice Açıkgöz
FANCY IMMIGRANTIN
ein poetisches tagebuch

mit Illustrationen von Irem Kurt
116 Seiten | Softcover | 13,7 x 20,8 cm | 10 €
ISBN 978-3-945644-35-5

Warum brauchen wir ein Immigrantinnenmuseum? Was tun mit der Scham der Alufolie und wieso zählt Hüftspeck nicht als generationsübergreifendes Kulturgut?

Hatice Açıkgöz wundert sich, wird wütend und erschafft wie nebenbei eine neue Wirklichkeit mit Raum zum Sprechen und Nachdenken über basic privileges, über Halle, Hanau und über fancy Zimmer.

»Hatice Açıkgöz schreibt mit den Augen aus der Zukunft, am Puls der Zeit und mit dem Herz der Vergangenheit. Das Lesen des Buches ist wie Achterbahn fahren mit dieser großartigen Erzählerin – und am Ende Ankommen im Herzen.«
Nadire Biskin

Hatice Açıkgöz lebt in Hamburg und arbeitet als freie Autorin, Künstlerin und Redakteurin.
Das Netz macht sie als @alles_interpretationssache unsicher.